skole - colegio	2
reise - viaje	5
transport - transporte	8
by - ciudad	10
landskap - paisaje	14
restaurant - restaurante	17
matbutikk - supermercado	20
drikkevarer - bebidas	22
mat - comida	23
bondegård - granja	27
hus - casa	31
stue - living	33
kjøkken - cocina	35
bad - baño	38
barnerom - cuarto de los chicos	42
klær - ropa	44
kontor - oficina	49
økonomi - economía	51
yrker - ocupaciones	53
verktøy - herramientas	56
musikkinstrument - instrumentos musicales	57
dyrehage - zoológico	59
sport - deportes	62
aktiviteter - actividades	63
familie - familia	67
kropp - cuerpo	68
sykehus - hospital	72
nødsituasjon - emergencia	76
jorden - Tierra	77
klokke - reloj	79
uke - semana	80
år - año	81
former - formas	83
farger - colores	84
motsetninger - opuestos	85
tall - números	88
språk - idiomas	90
hvem / hva / hvordan - quién / qué / cómo	91
hvor - dónde	92

‖‖‖‖‖‖‖‖‖‖‖‖‖‖‖‖‖‖
AF188005

Impressum
Verlag: BABADADA GmbH, Nedderfeld 112 , 22529 Hamburg
Geschäftsführer / Verlagsleitung: Harald Hof
Druck: Books on Demand GmbH, In de Tarpen 42, 22848 Norderstedt

Imprint
Publisher: BABADADA GmbH, Nedderfeld 112 , 22529 Hamburg, Germany
Managing Director / Publishing direction: Harald Hof
Print: Books on Demand GmbH, In de Tarpen 42, 22848 Norderstedt

skole

colegio

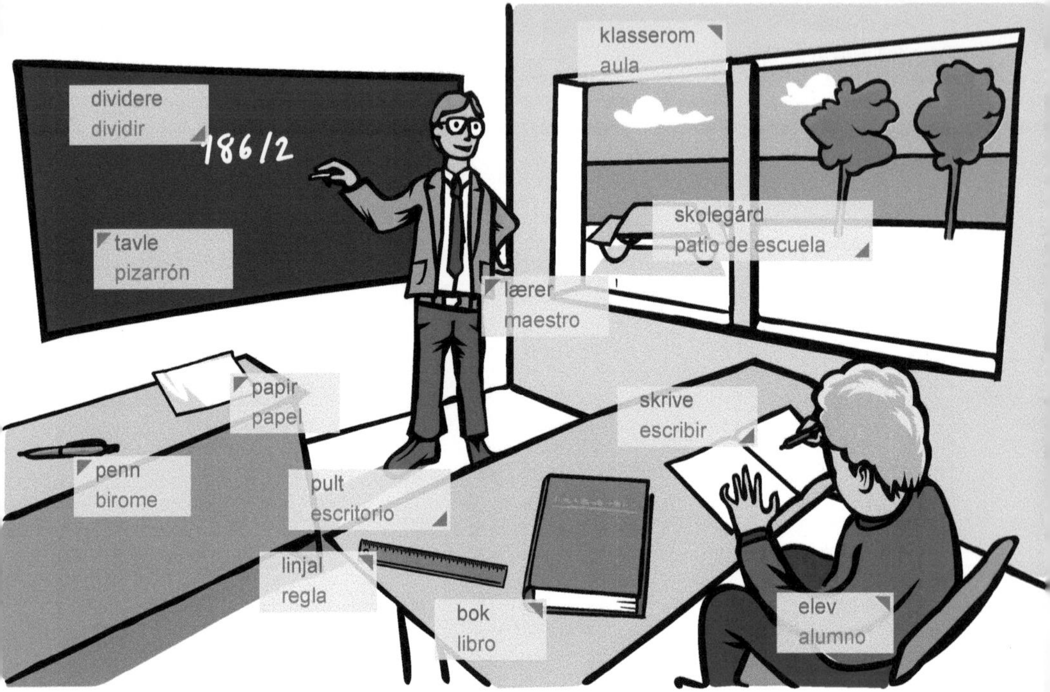
klasserom
aula
dividere
dividir
186/2
tavle
pizarrón
skolegård
patio de escuela
lærer
maestro
papir
papel
skrive
escribir
penn
birome
pult
escritorio
linjal
regla
bok
libro
elev
alumno

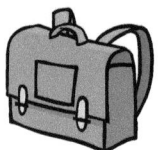

ransel

mochila

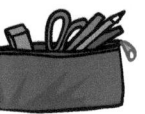

penal

caja de lápices

blyant

lápiz

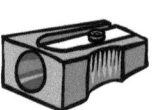

blyantspisser

sacapuntas

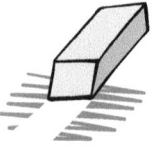

viskelær

goma (de borrar)

tegneblokk

bloc de dibujo

tegning

dibujo

pensel

pincel

malerskrin

caja de pinturas

saks

tijera

lim

pegamento

arbeidsbok

cuaderno de ejercicios

lekse

tarea

tall

número

2+2

addere

sumar

subtrahere

restar

multiplisere

multiplicar

regne

calcular

bokstav

letra

ABCDEFG
HIJKLMN
OPQRSTU
VWXYZ

alfabet

abecedario

ord

palabra

tekst

texto

lese

leer

kritt

tiza

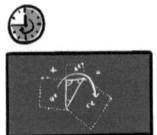

skoletime

lección

klassebok

cuaderno de clase

eksamen

examen

vitnemål

certificado

skoleuniform

uniforme escolar

utdannelse

educación

leksikon

enciclopedia

universitet

universidad

mikroskop

microscopio

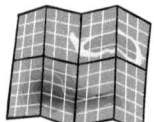

kart

mapa

papirkurv

tacho (de basura)

hotell
hotel

Grand

pensjonat
hostel

ROOMS

vekslingskontor
casa de cambio

ECHANGE

koffert
valija

bil
auto

språk
idioma

ja / nei
sí / no

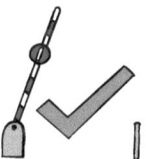

okay
Está bien

Hei
hola

tolk
traductor

takk skal du ha
Gracias

Hva koster...?

¿cuánto cuesta...?

Jeg forstår ikke

No entiendo

problem

problema

God kveld!

¡Buenas tardes!

God morgen!

¡Buenos días!

God natt!

¡Buenas noches!

ha det bra

adiós

retning

dirección

bagasje

equipaje

veske

bolso

ryggsekk

mochila

gjest

invitado

rom

habitación

sovepose

bolsa de dormir

telt

carpa

turistinformasjon

información turística

strand

playa

kredittkort

tarjeta de crédito

frokost

desayuno

lunsj

almuerzo

middag

cena

billett

pasaje

heis

ascensor

stempel

sello

grense

frontera

toll

aduana

ambassade

embajada

visum

visa

pass

pasaporte

transport
transporte

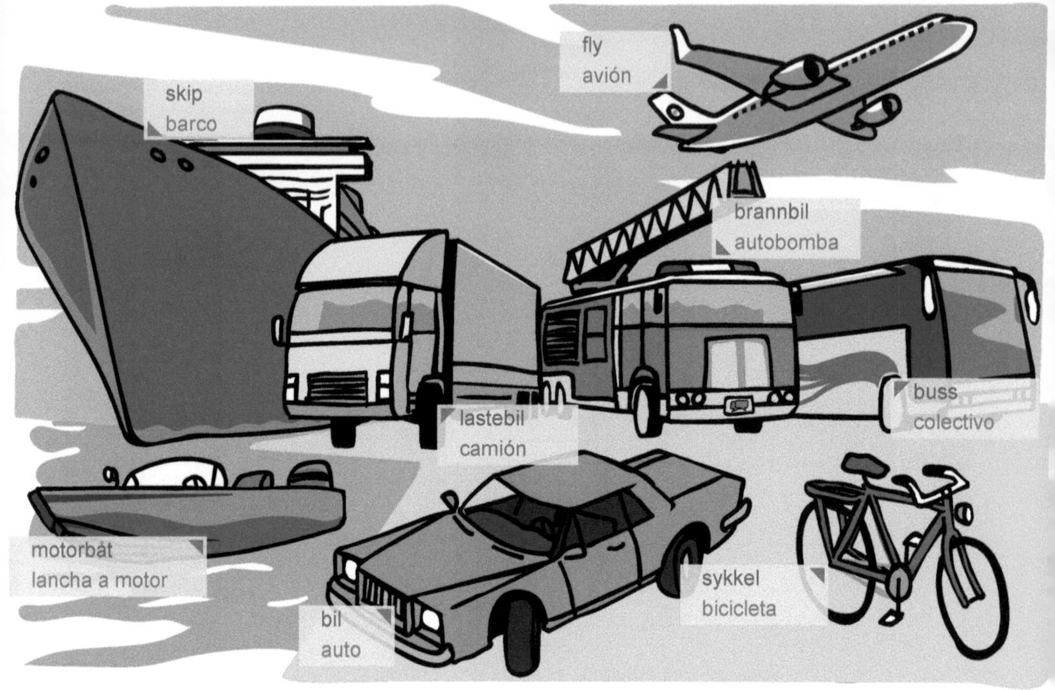

fly
avión
skip
barco
brannbil
autobomba
buss
colectivo
lastebil
camión
motorbåt
lancha a motor
sykkel
bicicleta
bil
auto

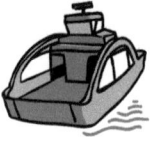

ferge
ferry

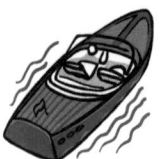

båt
bote

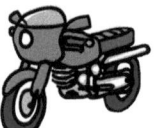

motorsykkel
moto

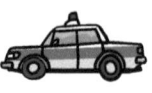

politibil
patrullero

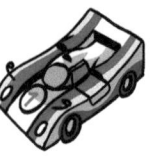

racerbil
auto de carreras

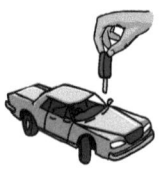

leiebil
auto de alquiler

bilkollektiv

alquiler de autos

bergingsbil

grúa

søppelbil

camión de basura

motor

motor

brennstoff

nafta

bensinstasjon

estación de servicio

trafikkskilt

señal de tránsito

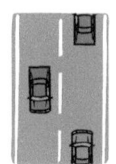

trafikk

tránsito

trafikkork

embotellamiento

parkeringsplass

estacionamiento

togstasjon

estación de tren

skinne

vías

tog

tren

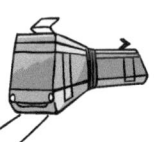

trikk

tranvía

vogn

vagón

helikopter

helicóptero

flyplass

aeropuerto

tårn

torre

passasjer

pasajero

konteiner

contenedor

kartong

caja de cartón

tralle

carretilla

kurv

canasta

starte / lande

despegar / aterrizar

by
ciudad

landsby

pueblo

sentrum

centro de ciudad

hus

casa

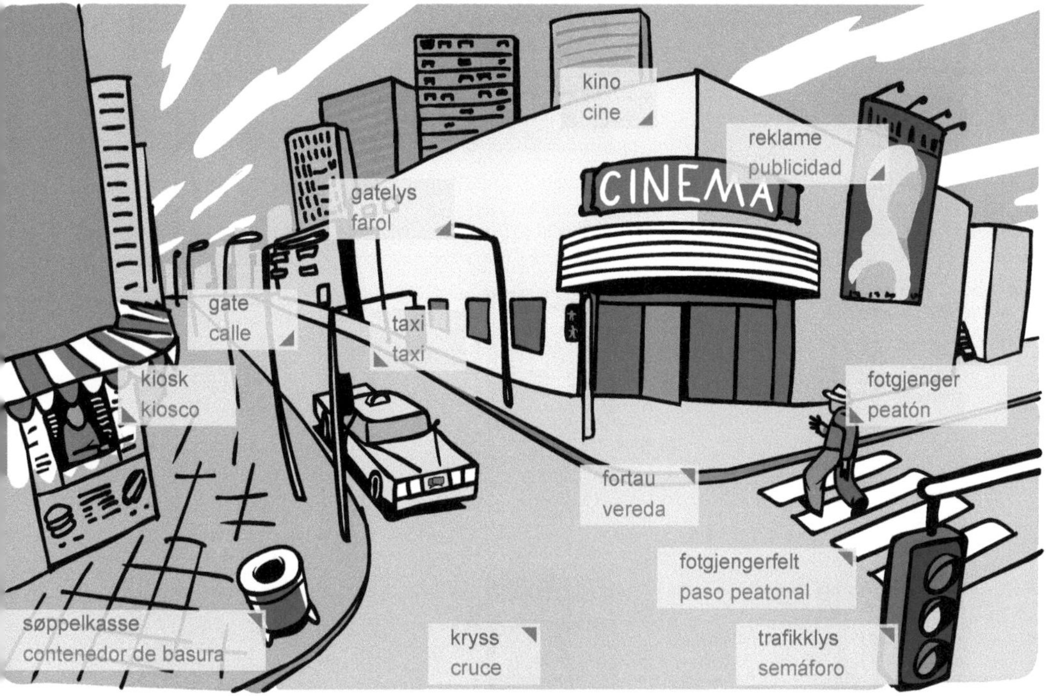

kino
cine

reklame
publicidad

gatelys
farol

CINEMA

gate
calle

taxi
taxi

kiosk
kiosco

fotgjenger
peatón

fortau
vereda

fotgjengerfelt
paso peatonal

søppelkasse
contenedor de basura

kryss
cruce

trafikklys
semáforo

hytte

cabaña

leilighet

departamento

togstasjon

estación de tren

rådhus

municipalidad

museum

museo

skole

colegio

universitet

universidad

bank

banco

sykehus

hospital

hotell

hotel

apotek

farmacia

kontor

oficina

bokhandel

librería

butikk

negocio

blomsterbutikk

florería

matbutikk

supermercado

marked

mercado

varehus

grandes tiendas

fiskehandler

pescadería

kjøpesenter

centro comercial

havn

puerto

park

parque

benk

banco

bro

puente

trapp

escaleras

t-bane

subte

tunnel

túnel

busstopp

parada del colectivo

bar

bar

restaurant

restaurante

postkasse

buzón

gateskilt

letrero

parkometer

parquímetro

dyrehage

zoológico

svømmebasseng

pileta

moské

mezquita

bondegård
granja

miljøforurensing
contaminación

kirkegård
cementerio

kirke
iglesia

lekeplass
juegos infantiles

tempel
templo

landskap
paisaje

blad
hoja

veiviser
poste indicador

vei
camino

eng
pradera

stein
piedra

turgåer
excursionista

tre
árbol

elv
río

gress
hierba

blomst
flor

dal

valle

fjell

montaña

innsjø

lago

skog

bosque

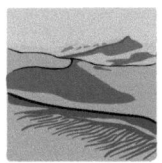

ørken

desierto

vulkan

volcán

slott

castillo

regnbue

arco iris

sopp

champiñón

palmetre

palmera

mygg

mosquito

flue

mosca

maur

hormiga

bie

abeja

edderkopp

araña

bille

escarabajo

frosk

rana

ekorn

ardilla

piggsvin

erizo

hare

liebre

ugle

lechuza

fugl

pájaro

svane

cisne

villsvin

jabalí

hjort

ciervo

elg

alce

demning

presa

vindturbin

aerogenerador

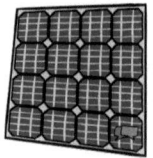

solcellepanel

panel solar

klima

clima

restaurant
restaurante

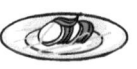

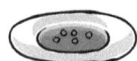

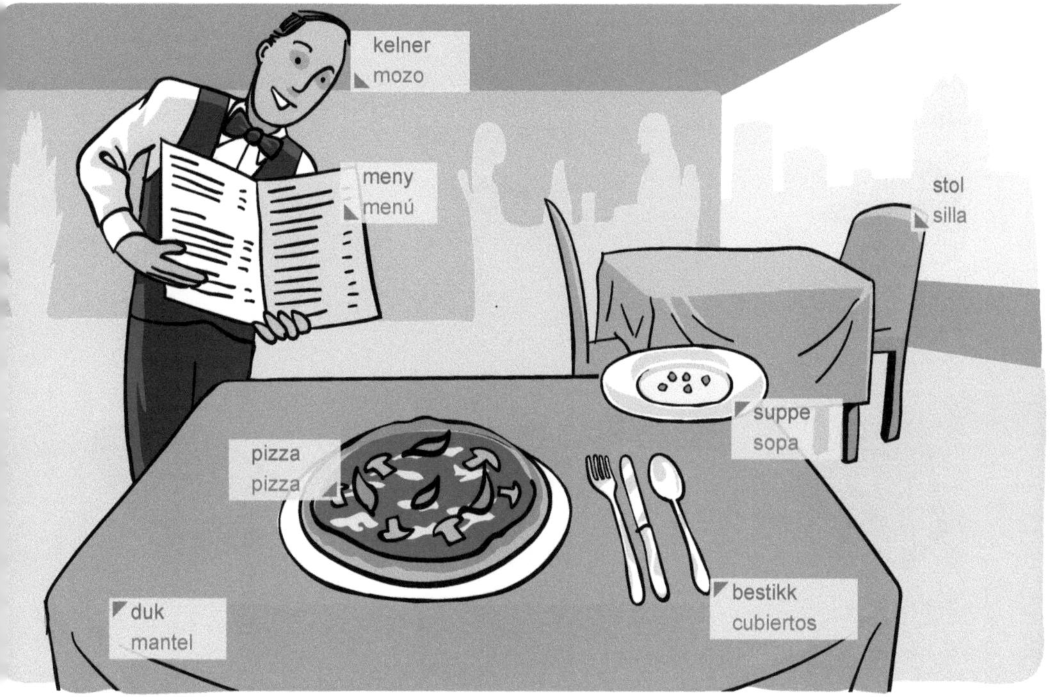
kelner
mozo
meny
menú
stol
silla
suppe
sopa
pizza
pizza
bestikk
cubiertos
duk
mantel

forrett
entrada

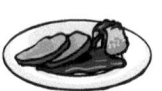

hovedrett
plato principal

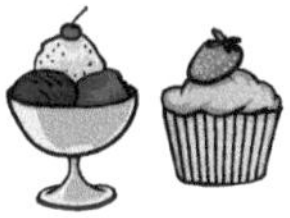

dessert
postre

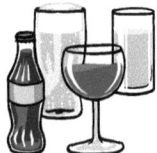

drikkevarer
bebidas

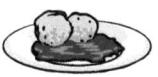

mat
comida

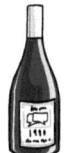

flaske
botella

hurtigmat

comida rápida

gatemat

comida callejera

tekanne

tetera

sukkerskål

azucarera

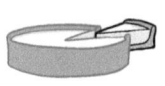

porsjon

porción

espressomaskin

cafetera expreso

barnestol

sillita alta

regning

cuenta

brett

bandeja

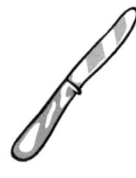

kniv

cuchillo

gaffel

tenedor

skje

cuchara

teskje

cucharita

serviett

servilleta

glass

vaso

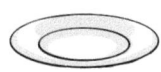

tallerken

plato

suppetallerken

plato hondo

skål

plato

saus

salsa

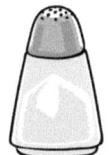

saltbøsse

salero

pepperkvern

molinillo de pimienta

eddik

vinagre

olje

aceite

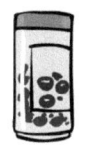

krydder

especias

ketchup

kétchup

sennep

mostaza

majones

mayonesa

tilbud
oferta especial

FOR

kunde
cliente

meieriprodukt
lácteos

frukt
fruta

handlevogn
changuito

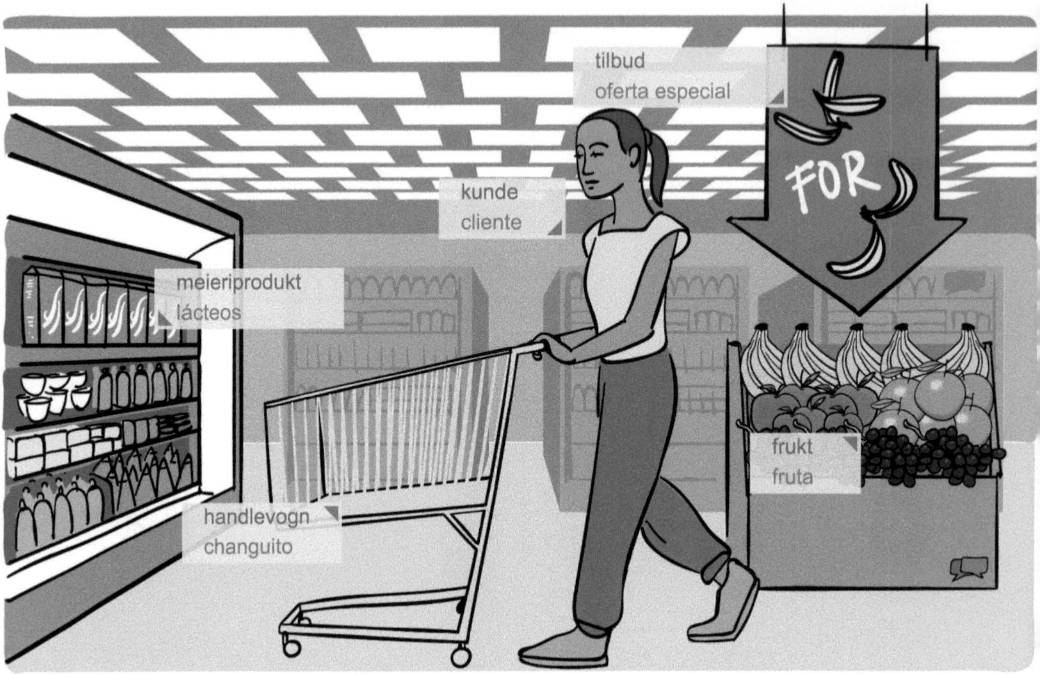

slakter
carnicería

bakeri
panadería

veie
pesar

grønnsaker
verduras

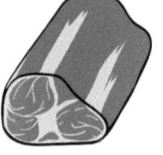

kjøtt
carne

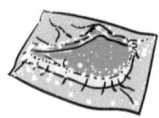

frysevarer
alimentos congelados

oppskåret pålegg
fiambres

hermetikk
alimentos enlatados

vaskepulver
detergente en polvo

godteri
golosinas

husholdningsprodukter
electrodomésticos

rengjøringsmidler
productos de limpieza

butikkmedarbeider
vendedora

kassaapparat
caja

kasserer
cajero

handleliste
lista de compras

åpningstider
horario de atención

lommebok
billetera

kredittkort
tarjeta de crédito

veske
cartera

plastpose
bolsa de plástico

vann
agua

juice
jugo

melk
leche

cola
bebida cola

vin
vino

øl
cerveza

alkohol
alcohol

kakao
cacao

te
té

kaffe
café

espresso
café expreso

cappuccino
cappuccino

banan

banana

eple

manzana

appelsin

naranja

melon

melón

sitron

limón

gulrot

zanahoria

hvitløk

ajo

bambus

bambú

løk

cebolla

sopp

champiñón

nøtter

nueces

nudler

fideos

spagetti

tallarines

ris

arroz

salat

ensalada

pommes frites

papas fritas

stekte poteter

papas fritas

pizza

pizza

hamburger

hamburguesa

sandwich

sándwich

biff

churrasco

skinke

jamón

salami

salame

pølse

salchicha

kylling

pollo

stek

asado

fisk

pescado

havregryn

copos de avena

müsli

muesli

cornflakes

copos de maíz

mel

harina

croissant

medialuna

rundstykke

pancito

brød

pan

ristet brød

tostada

kjeks

galletitas

smør

manteca

kvarg

cuajada

kake

torta

egg

huevo

speilegg

huevo frito

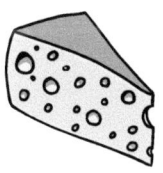

ost

queso

iskrem

helado

sukker

azúcar

honning

miel

syltetøy

mermelada

sjokoladepålegg

pasta de chocolate

karri

curry

bondegård
granja

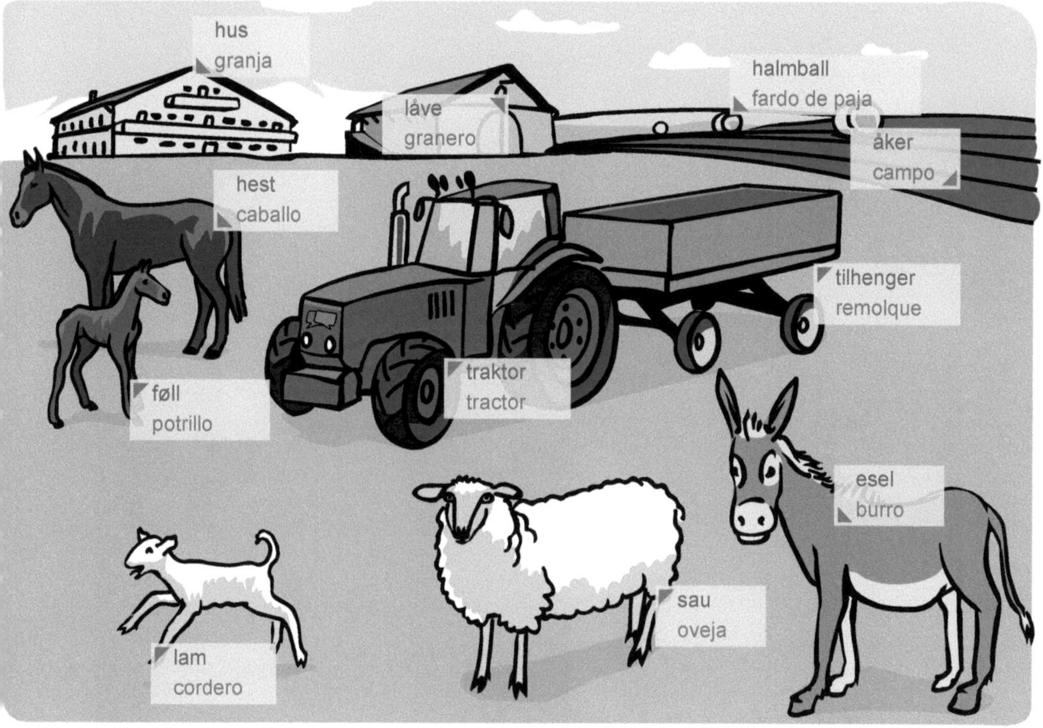
hus
granja
halmball
fardo de paja
låve
granero
åker
campo
hest
caballo
tilhenger
remolque
traktor
tractor
føll
potrillo
esel
burro
sau
oveja
lam
cordero

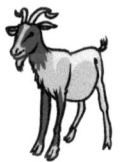

geit
cabra

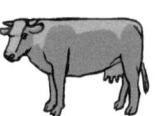

ku
vaca

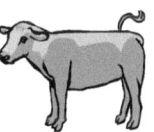

kalv
ternero

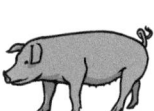

gris
cerdo

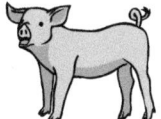

grisunge
lechón

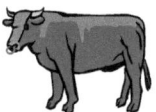

okse
toro

gås
ganso

and
pato

kylling
pollo

høne
gallina

hane
gallo

rotte
rata

katt
gato

mus
ratón

okse
buey

hund
perro

hundehus
cucha

hageslange
manguera

vannkanne
regadera

ljå
guadaña

plog
arado

sigd

hoz

hakke

azada

høygaffel

horquilla

øks

hacha

trillebår

carretilla

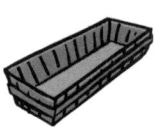

trau

abrevadero

melkekanne

lechera

sekk

bolsa

gjerde

reja

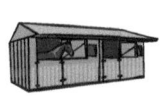

fjøs

establo

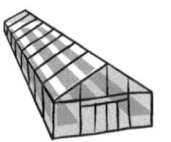

drivhus

invernadero

jord

suelo

frø

semilla

gjødsel

fertilizador

skurtresker

cosechadora

høste
cosechar

innhøsting
cosecha

yams
batatas

hvete
trigo

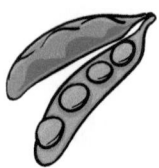

soja
soja

potet
papa

mais
maíz

raps
semilla de colza

frukttre
árbol frutal

kassava
mandioca

korn
cereales

hus

casa

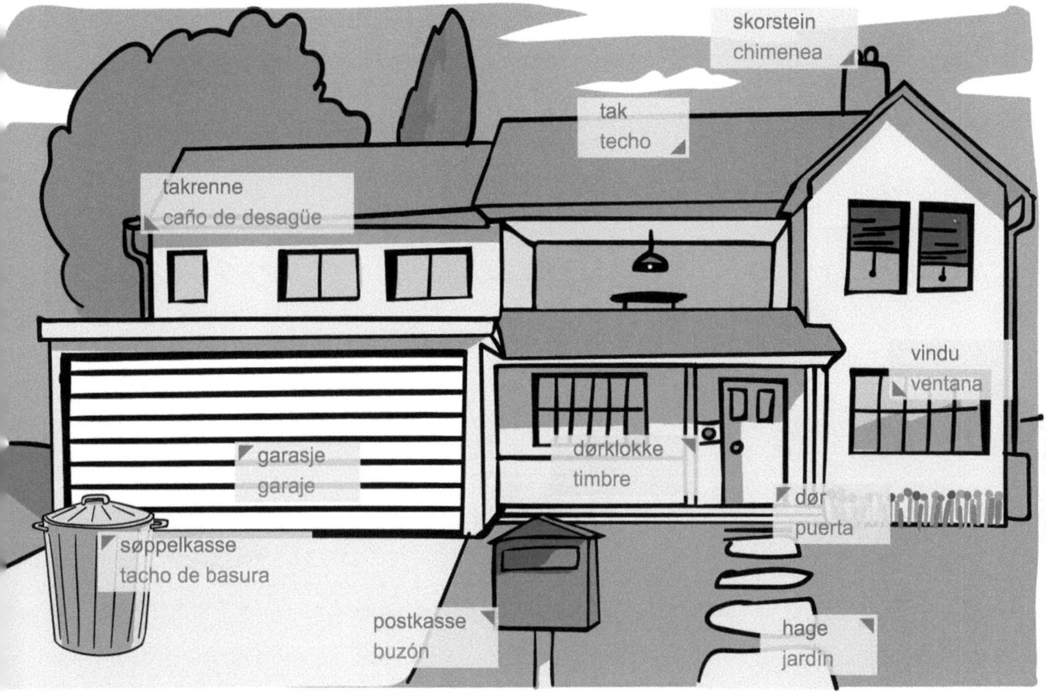
skorstein
chimenea
tak
techo
takrenne
caño de desagüe
vindu
ventana
garasje
garaje
dørklokke
timbre
dør
puerta
søppelkasse
tacho de basura
postkasse
buzón
hage
jardín

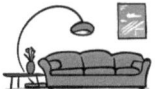

stue
living

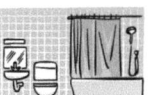

bad
baño

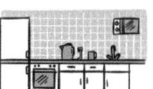

kjøkken
cocina

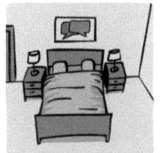

soverom
dormitorio

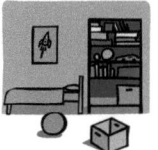

barnerom
cuarto de los chicos

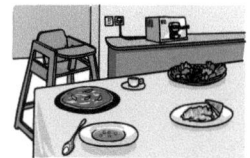

spisestue
comedor

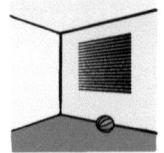

gulv

piso

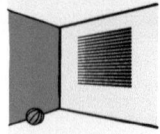

vegg

pared

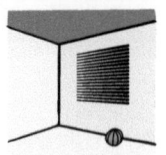

tak

cielorraso

kjeller

sótano

badstue

sauna

balkong

balcón

terrasse

terraza

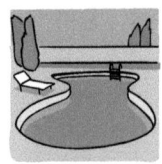

svømmebasseng

pileta

gressklipper

cortadora de pasto

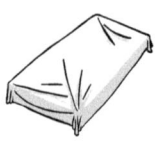

laken

sábana

dyne

acolchado

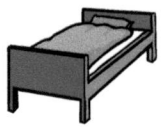

seng

cama

kost

escoba

bøtte

balde

bryter

interruptor

stue
living

tapet
empapelado
bilde
imagen
lampe
lámpara
hylle
estante
skap
armario
tv
televisión
peis
chimenea
blomst
flor
pute
almohadón
sofa
sofá
vase
florero
fjernkontroll
control remoto

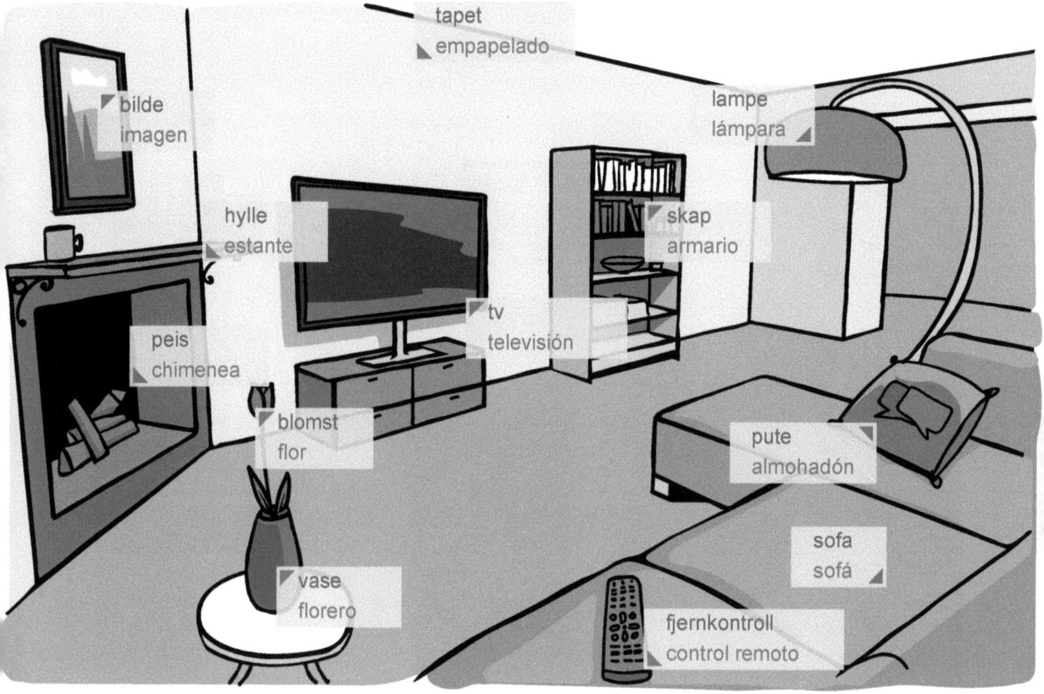

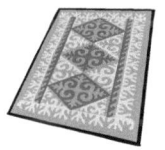

gulvteppe

alfombra

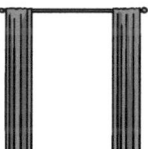

gardin

cortina

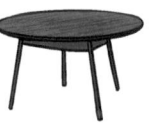

bord

mesa

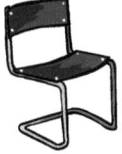

stol

silla

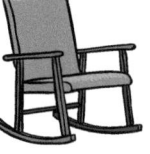

gyngestol

mecedora

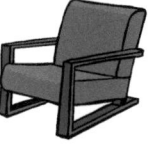

lenestol

sillón

bok

libro

teppe

frazada

dekorasjon

decoración

ved

leña

film

película

stereoanlegg

equipo de música

nøkkel

llave

avis

diario

maleri

pintura

plakat

póster

radio

radio

notatblokk

cuaderno

støvsuger

aspiradora

kaktus

cactus

lys

vela

kjøkken
cocina

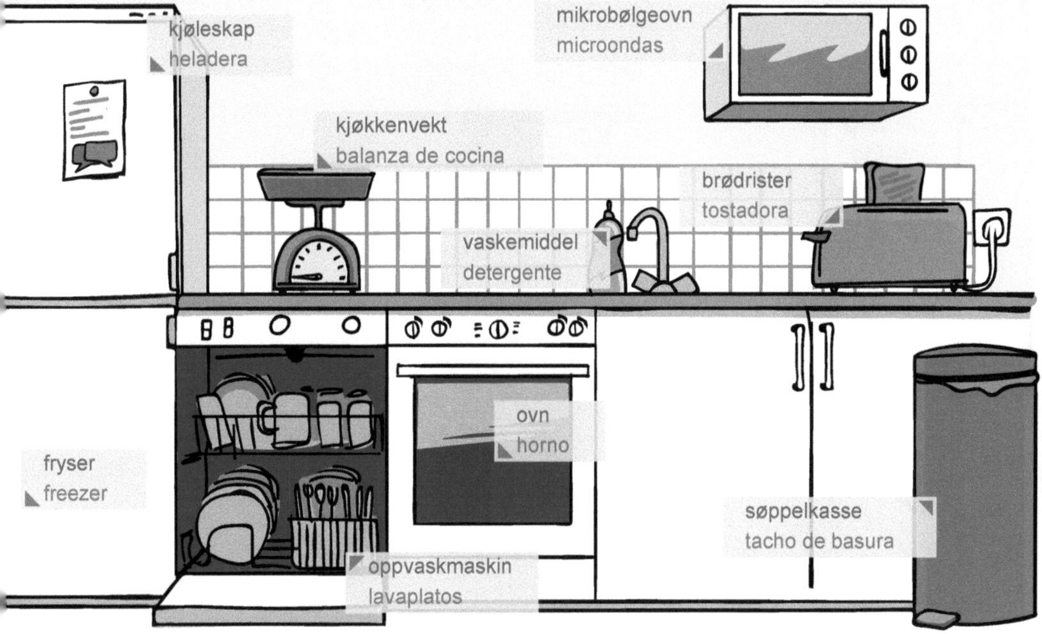
kjøleskap
heladera
mikrobølgeovn
microondas
kjøkkenvekt
balanza de cocina
brødrister
tostadora
vaskemiddel
detergente
ovn
horno
fryser
freezer
søppelkasse
tacho de basura
oppvaskmaskin
lavaplatos

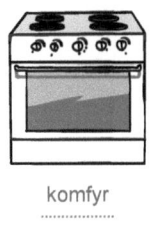

komfyr

cocina

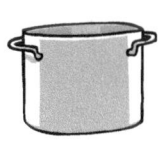

gryte

olla

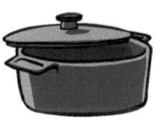

jerngryte

olla de hierro fundido

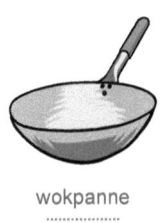

wokpanne

wok

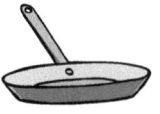

panne

sartén

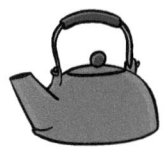

vannkoker

pava

dampovn

vaporera

stekebrett

bandeja de horno

servise

vajilla

krus

taza

bolle

bol

spisepinner

palitos

øse

cucharón

stekespade

estpátula

visp

batidora

sil

colador

sil

colador

rivjern

rallador

mørtel

mortero

grill

parrilla

bål

fogata

kjøkken - cocina

skjærefjøl

tabla de picar

kjevle

palo de amasar

korketrekker

sacacorchos

boks

lata

boksåpner

abrelatas

gryteklut

manopla

vask

pileta

børste

cepillo

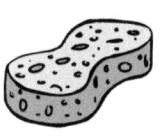

svamp

esponja

blender

batidora

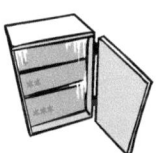

fryseboks

congelador

tåteflaske

mamadera

kran

canilla

dusj
ducha

varme
calefacción

håndkle
toalla

dusjforheng
cortina de ducha

skumbad
baño de espuma

badekar
bañadera

glass
vaso

vaskemaskin
lavarropas

kran
canilla

fliser
baldosas

potte
pelela

vask
pileta

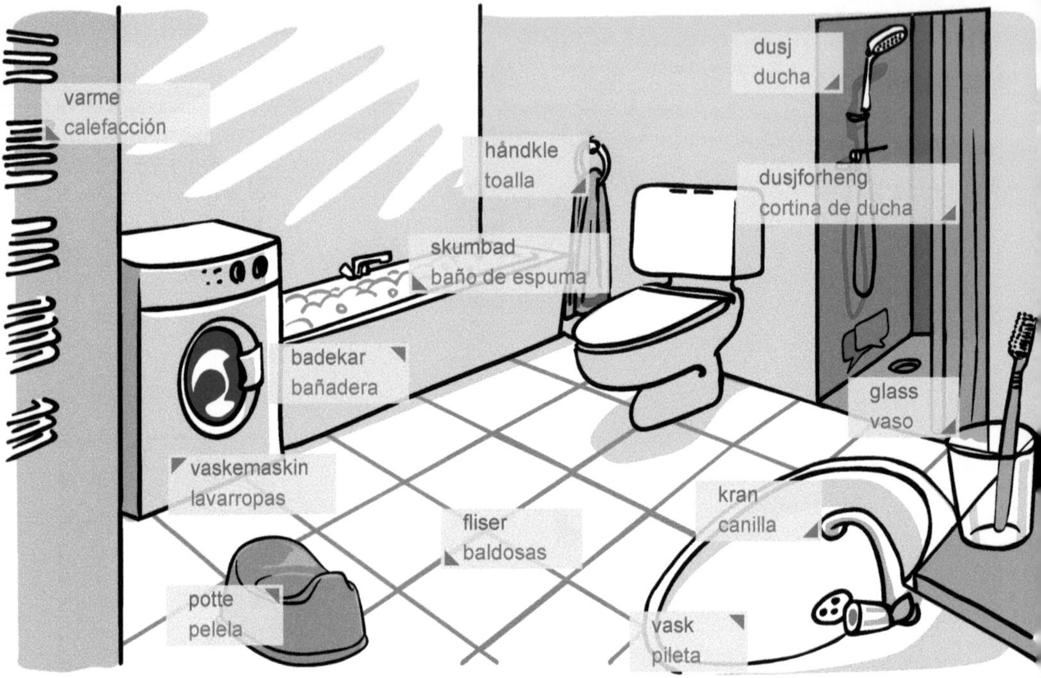

toalett
inodoro

ståtoalett
letrina

bidet
bidé

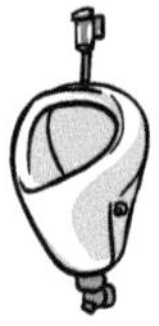

pissoar
mingitorio

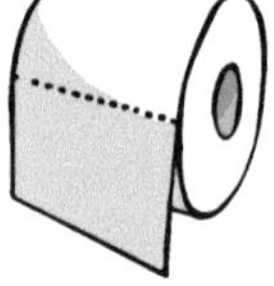

toalettpapir
papel higiénico

toalettbørste
cepillo para el inodoro

tannbørste

cepillo de dientes

tannkrem

dentífrico

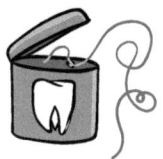

tanntråd

hilo dental

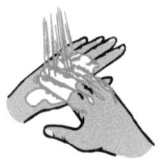

vaske

lavar

hånddusj

ducha de mano

intimdusj

ducha higiénica

oppvaskbalje

palangana

ryggbørste

cepillo para espalda

såpe

jabón

dusjsåpe

gel de ducha

sjampo

shampoo

vaskeklut

toallita

avløp

desagüe

krem

crema

deodorant

desodorante

speil

espejo

håndspeil

espejito

barberhøvel

maquinita de afeitar

barberskum

espuma de afeitar

barberingsvann

aftershave

kam

peine

børste

cepillo

hårføner

secador de pelo

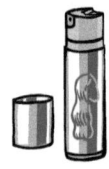

hårspray

spray

sminke

maquillaje

lebestift

lápiz de labios

neglelakk

esmalte para uñas

bomullsdott

algodón

neglesaks

tijera para uñas

parfyme

perfume

toalettmappe

portacosméticos

krakk

banqueta

vekt

balanza

badekåpe

bata

gummihansker

guantes de goma

tampong

tampón

sanitetsbind

toallita femenina

kjemisk toalett

baño químico

barnerom

cuarto de los chicos

vekkerklokke
despertador
kosedyr
peluche
lekebil
coche de juguete
rangle
sonajero
dukkehus
casa de muñecas
gave
regalo

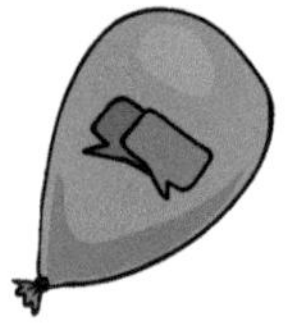

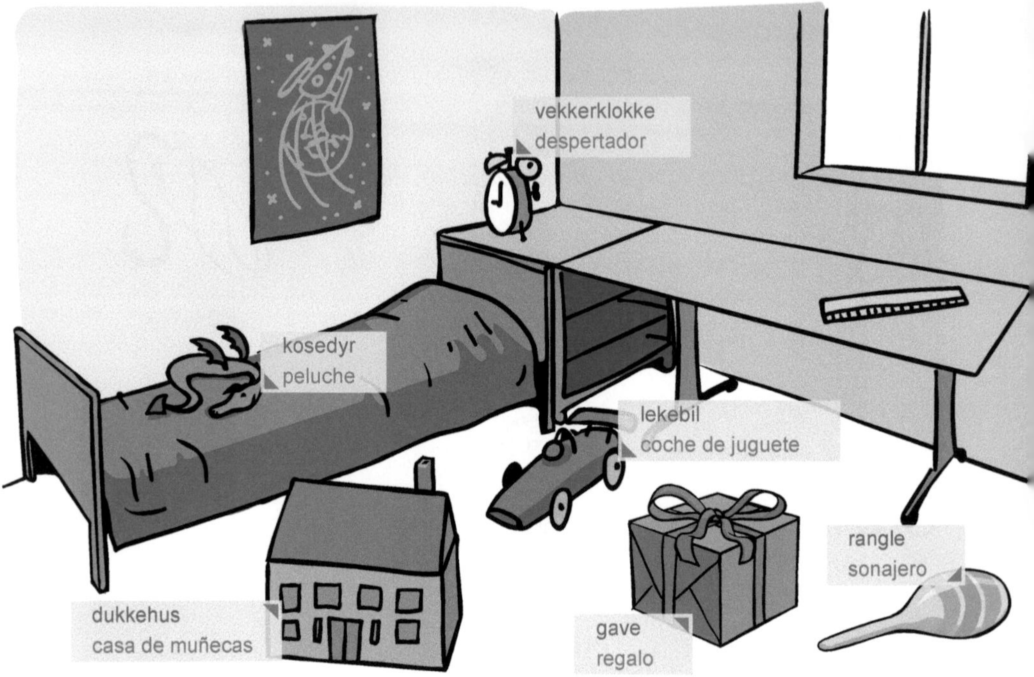

ballong

globo

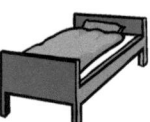

seng

cama

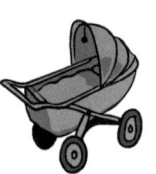

barnevogn

cochecito

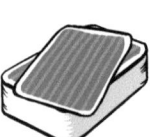

kortstokk

cartas

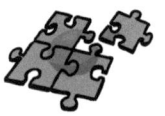

puslespill

rompecabezas

SUPER
MEGA

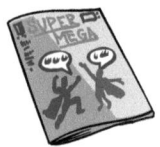

tegneserie

historieta

lego klosser

piezas de lego

byggeklosser

ladrillos de juguete

actionfigur

figura de acción

sparkebukse

enterito (de bebé)

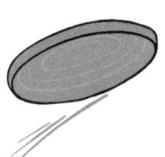

frisbee

frisbee

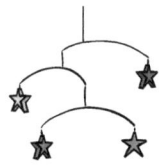

uro

móvil para bebés

brettspill

juego de mesa

terning

dados

togbane

tren eléctrico

smokk

chupete

fest

fiesta

bildebok

libro de cuentos ilustrado

ball

pelota

dukke

muñeca

leke

jugar

sandkasse

arenero

gynge

hamaca

leketøy

juguetes

spillekonsoll

consola de videojuegos

trehjulssykkel

triciclo

bamse

osito de peluche

garderobeskap

armario

klær

ropa

sokker

medias

strømper

medias panty

strømpebukse

calzas

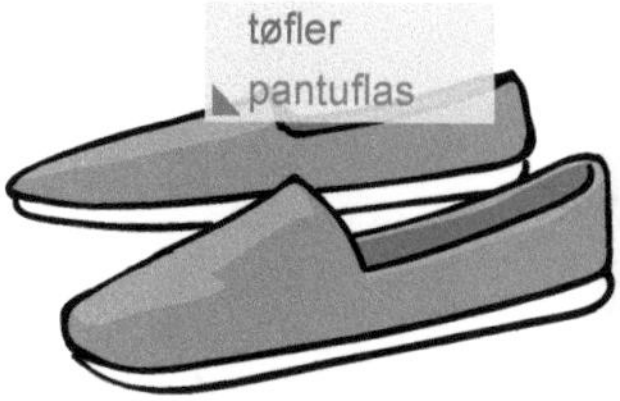

skjerf
bufanda

belte
cinturón

paraply
paraguas

t-skjorte
remera

støvler
botas

tøfler
pantuflas

sneakers
zapatillas

sandaler

sandalias

sko

zapatos

gummistøvler

botas de goma

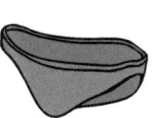

underbukse

ropa interior

BH

corpiño

undertrøye

chaleco

klær - ropa

body

body

bukse

pantalones

dongeribukse

jeans

skjørt

pollera

bluse

blusa

skjorte

camisa

genser

pulóver

hettegenser

buzo

dressjakke

blazer

jakke

campera

kåpe

tapado

regnjakke

piloto

drakt

traje

kjole

vestido

brudekjole

vestido de novia

dress
traje

nattkjole
camisón

pyjamas
pijama

sari
sari

skaut
pañuelo para cabeza

turban
turbante

burka
burka

kaftan
caftán

abaya
abaya

badedrakt
traje de baño

badebukse
short de baño

shorts
shorts

treningsklær
jogging

forkle
delantal

handske
guantes

knapp

botón

brille

anteojos

armbånd

pulsera

kjede

collar

ring

anillo

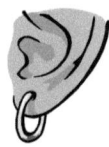

øredobb

aro

lue

gorra

kleshenger

percha

hatt

sombrero

slips

corbata

glidelås

cierre

hjelm

casco

bukseseler

tiradores

skoleuniform

uniforme escolar

uniform

uniforme

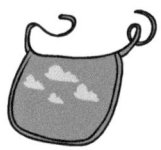

smekke

babero

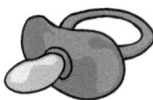

smokk

chupete

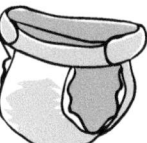

bleie

pañal

kontor
oficina

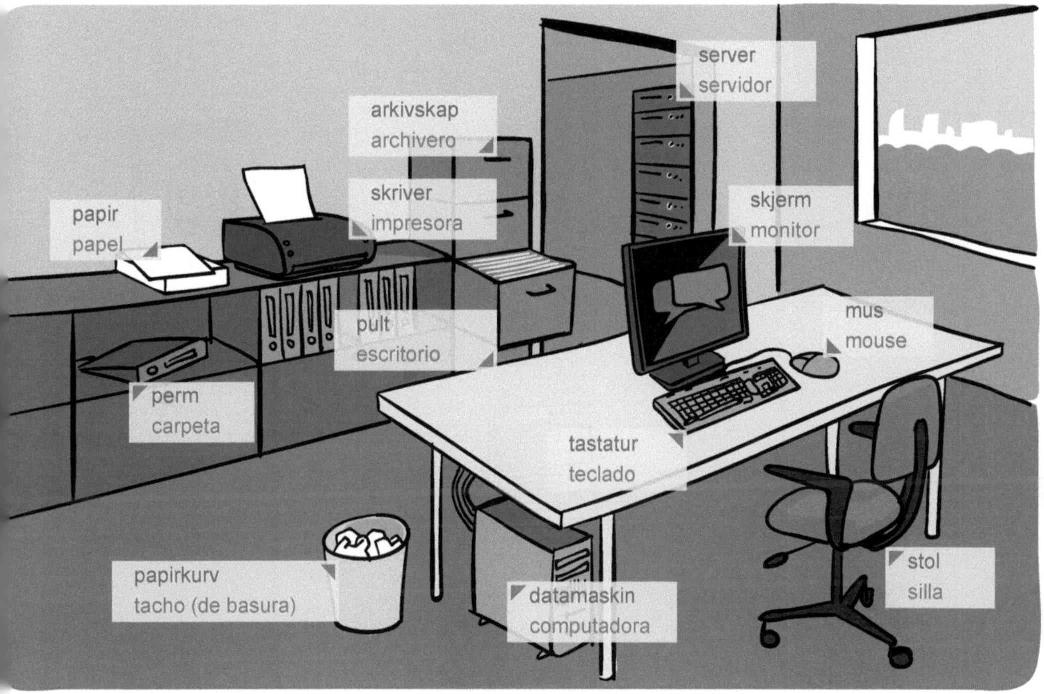
server
servidor
arkivskap
archivero
skriver
impresora
papir
papel
skjerm
monitor
mus
mouse
pult
escritorio
perm
carpeta
tastatur
teclado
stol
silla
papirkurv
tacho (de basura)
datamaskin
computadora

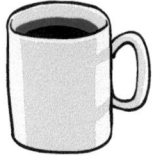

kaffekopp

taza de café

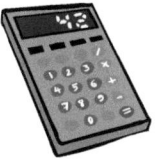

kalkulator

calculadora

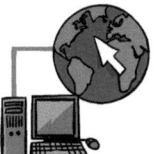

internett

internet

bærbar pc
laptop

brev
carta

beskjed
mensaje

mobiltelefon
celular

nettverk
red

kopimaskin
fotocopiadora

programvare
software

telefon
teléfono

stikkontakt
tomacorriente

faksmaskin
fax

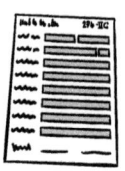

skjema
formulario

dokument
documento

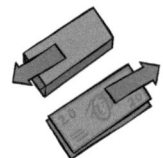

kjøpe

comprar

betale

pagar

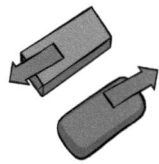

handle

hacer negocios

penger

dinero

dollar

dólar

euro

euro

yen

yen

rubel

rublo

sveitserfranc

franco suizo

renminbi

yuan

rupi

rupia

minibank

cajero automático

vekslingskontor

casa de cambio

gull

oro

sølv

plata

olje

petróleo

energi

energía

pris

precio

kontrakt

contrato

avgift

impuesto

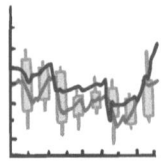

aksje

acción

jobbe

trabajar

ansatt

empleado

arbeitsgiver

empleador

fabrikk

fábrica

butikk

negocio

yrker
ocupaciones

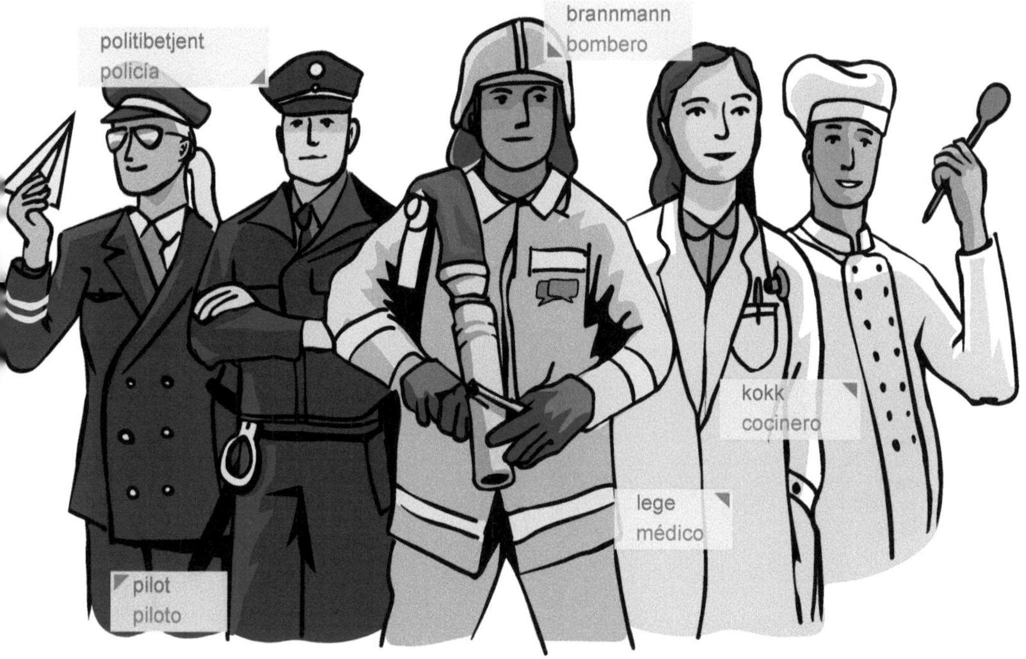
politibetjent
policía
brannmann
bombero
kokk
cocinero
lege
médico
pilot
piloto

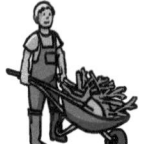

gartner

jardinero

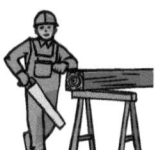

snekker

carpintero

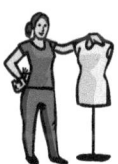

syerske

modista

dommer

juez

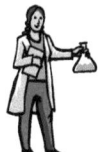

kjemiker

farmacéutico

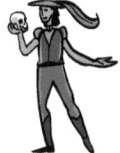

skuespiller

actor

bussjåfør

colectivero

taxisjåfør

taxista

fisker

pescador

vaskedame

mucama

taktekker

techista

kelner

mozo

jeger

cazador

maler

pintor

baker

panadero

elektriker

electricista

bygningsarbeider

albañil

ingeniør

ingeniero

slakter

carnicero

rørlegger

plomero

postbud

cartero

soldat

soldado

arkitekt

arquitecto

kasserer

cajero

blomsterhandler

florista

frisør

peluquero

konduktør

cobrador

mekaniker

mecánico

kaptein

capitán

tannlege

dentista

forsker

científico

rabbi

rabino

imam

imán

munk

monje

prest

sacerdote

verktøy

herramientas

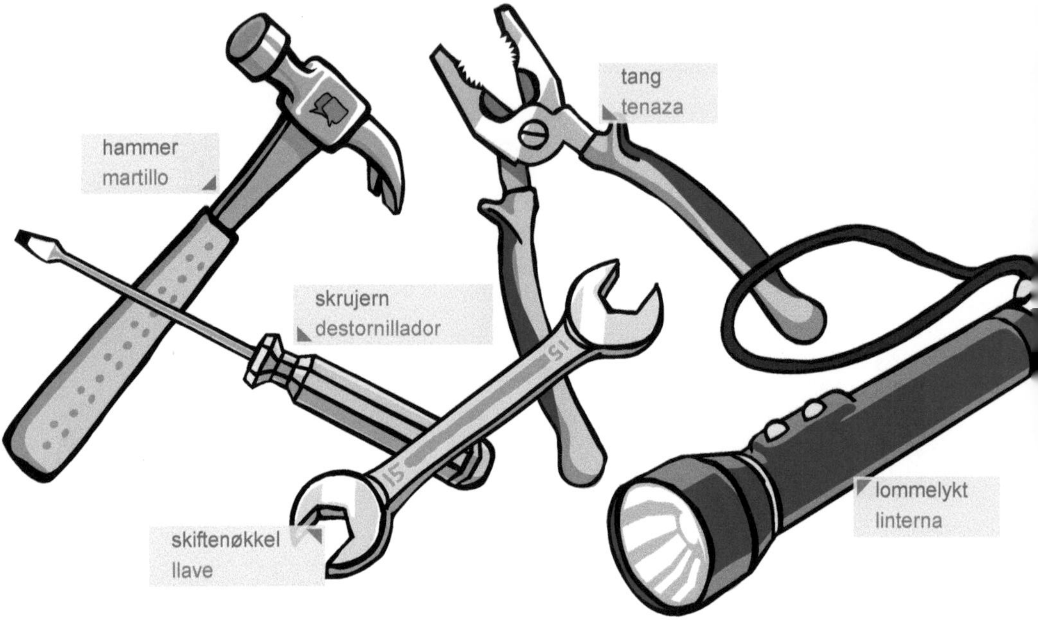
hammer
martillo
tang
tenaza
skrujern
destornillador
skiftenøkkel
llave
lommelykt
linterna

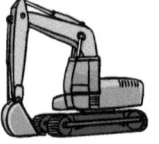

gravemaskin

excavadora

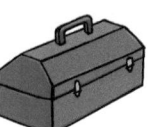

verktøykasse

caja de herramientas

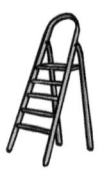

stige

escalera portátil

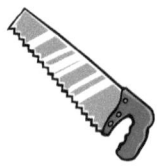

sag

sierra

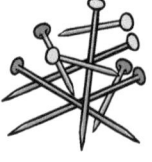

spiker

clavos

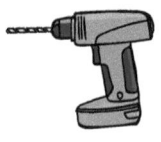

bor

taladro

reparere

arreglar

spade

pala de jardín

Søren!

¡Qué bronca!

feiebrett

pala de plástico

malingsspann

tacho de pintura

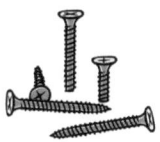

skruer

tornillos

musikkinstrument

instrumentos musicales

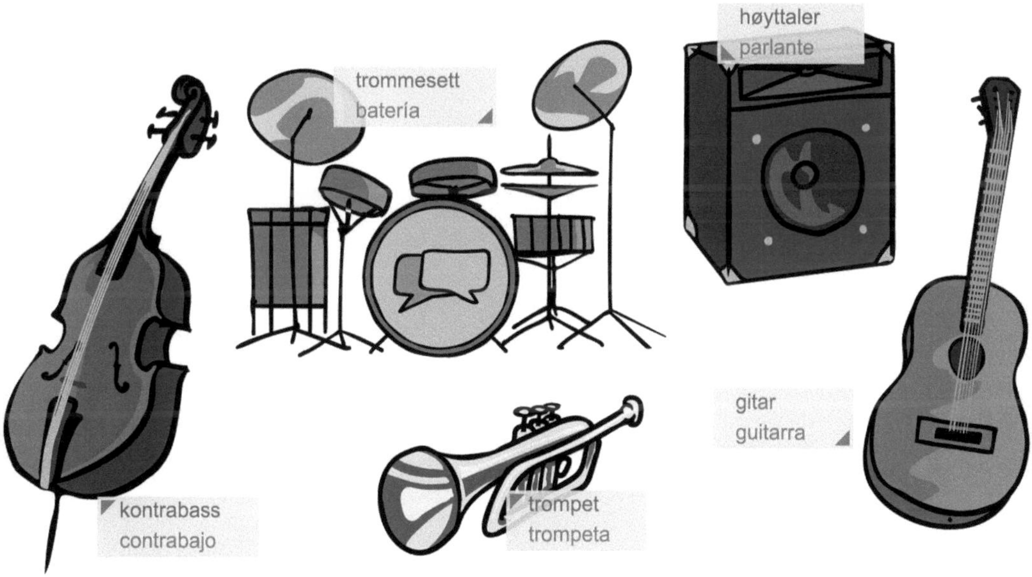

trommesett
batería

høyttaler
parlante

gitar
guitarra

kontrabass
contrabajo

trompet
trompeta

piano

piano

fiolin

violín

bass

bajo

pauke

timbales

trommer

tambor

keyboard

teclado

saksofon

saxofón

fløyte

flauta

mikrofon

micrófono

tiger
tigre

inngang
entrada

bur
jaula

sebra
cebra

dyrefôr
alimento para animales

panda
oso panda

dyr
animales

elefant
elefante

kenguru
canguro

neshorn
rinoceronte

gorilla
gorila

bjørn
oso

kamel

camello

struts

avestruz

løve

león

ape

mono

flamingo

flamenco

papegøye

loro

isbjørn

oso polar

pingvin

pingüino

hai

tiburón

påfugl

pavo real

slange

serpiente

krokodille

cocodrilo

dyrepasser

cuidador del zoológico

sel

foca

jaguar

jaguar

ponni

poni

leopard

leopardo

flodhest

hipopótamo

giraff

jirafa

ørn

águila

villsvin

jabalí

fisk

pescado

skilpadde

tortuga

hvalross

morsa

rev

zorro

gaselle

gacela

amerikansk fotball
fútbol americano

sykling
ciclismo

tennis
tenis

basketball
básquet

svømming
natación

boksing
boxeo

ishockey
hockey sobre hielo

fotball
fútbol

badminton
bádminton

friidrett
atletismo

håndball
handball

stå på ski
esquí

polo
polo

aktiviteter
actividades

hoppe
saltar
klemme
abrazar
le
reír
gå
caminar
synge
cantar
drømme
soñar
be
rezar
kysse
besar

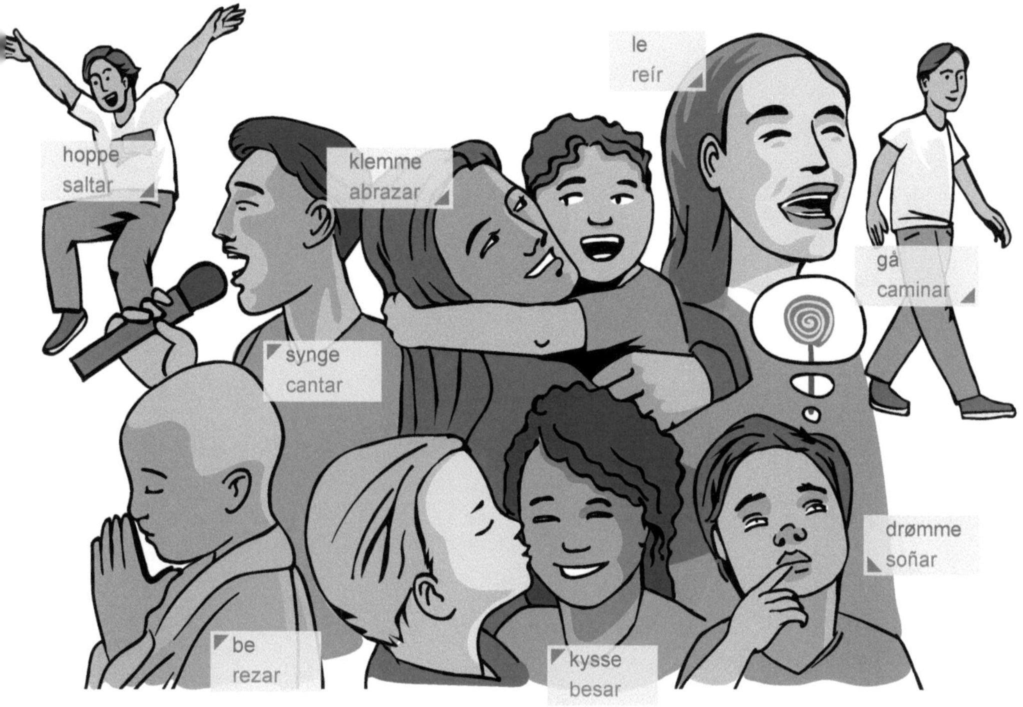

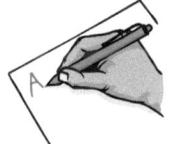

skrive

escribir

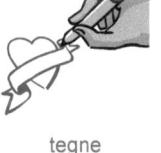

tegne

dibujar

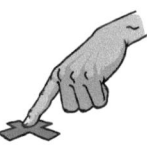

vise

mostrar

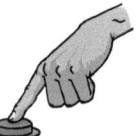

trykke

presionar

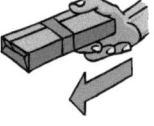

gi

dar

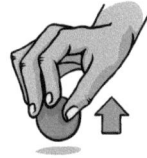

ta

tomar

ha
tener

gjøre
hacer

være
ser

stå
estar parado

løpe
correr

dra
tirar

kaste
tirar

falle
caer

ligge
estar acostado

vente
esperar

bære
llevar

sitte
estar sentado

kle på
vestirse

sove
dormir

våkne
despertar

se på

mirar

gråte

llorar

stryke

acariciar

gre

peinar

snakke

hablar

forstå

entender

spørre

preguntar

høre

escuchar

drikke

beber

spise

comer

rydde

ordenar

elske

amar

lage mat

cocinar

kjøre

manejar

fly

volar

aktiviteter - actividades 65

seile

navegar

regne

calcular

lese

leer

lære

aprender

jobbe

trabajar

gifte seg

casarse

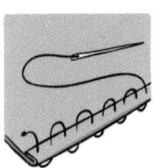

sy

coser

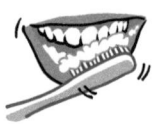

pusse tenner

cepillarse los dientes

drepe

matar

røyke

fumar

sende

enviar

bestemor
abuela

bestefar
abuelo

far
padre

mor
madre

baby
bebé

datter
hija

sønn
hijo

gjest

invitado

tante

tía

onkel

tío

bror

hermano

søster

hermana

kropp

cuerpo

panne
frente
øye
ojo
skulder
hombro
finger
dedo
fjes
cara
hake
pera
hånd
mano
ben
pierna
bryst
pecho
arm
brazo

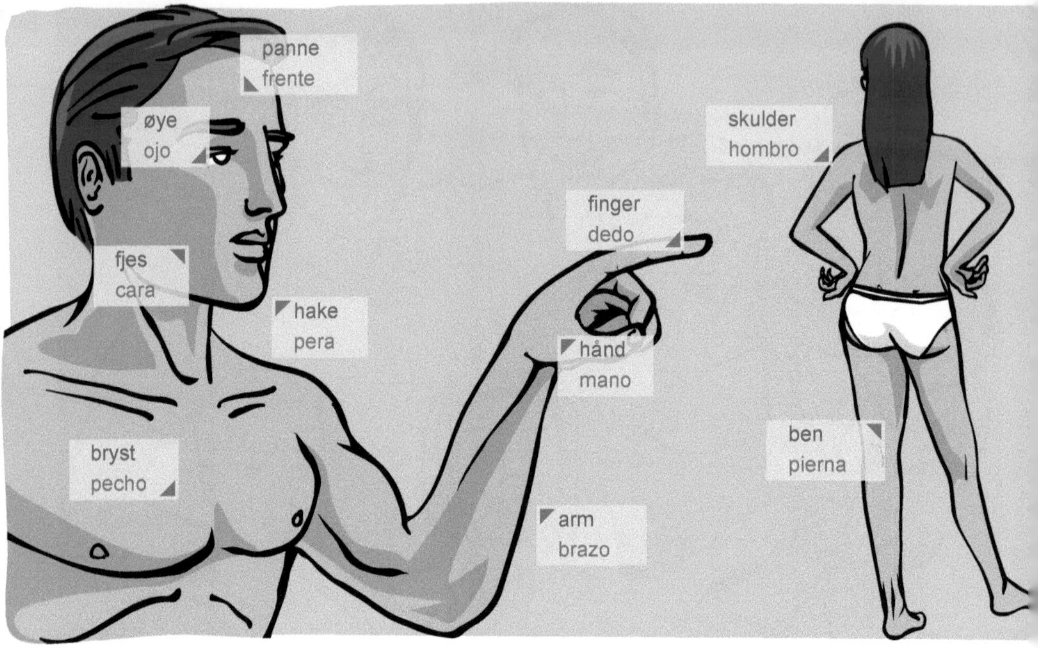

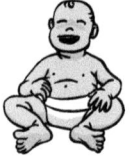

baby

bebé

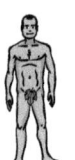

mann

hombre

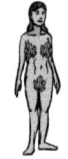

kvinne

mujer

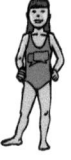

jente

nena

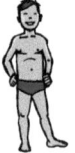

gutt

nene

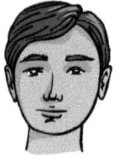

hode

cabeza

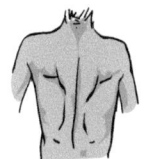

rygg

espalda

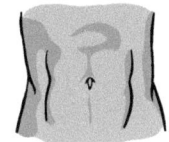

mage

panza

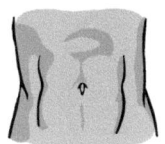

navle

ombligo

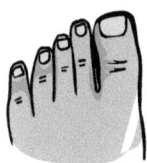

tå

dedo del pie

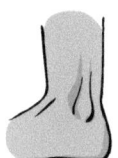

hæl

talón

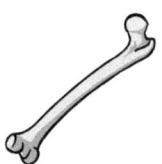

bein

hueso

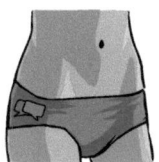

hofte

cadera

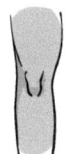

kne

rodilla

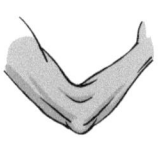

albue

codo

nese

nariz

rumpe

cola

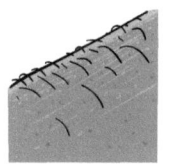

hud

piel

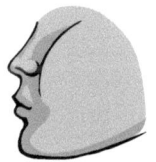

kinn

cachete

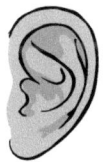

øre

oreja

leppe

labio

munn

boca

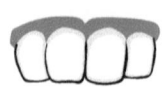

tann

diente

tunge

lengua

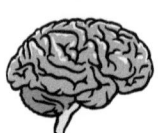

hjerne

cerebro

hjerte

corazón

muskel

músculo

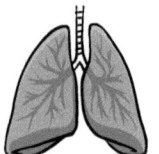

lunge

pulmón

lever

hígado

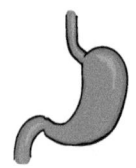

magesekk

estómago

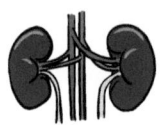

nyrer

riñones

samleie

sexo

kondom

preservativo

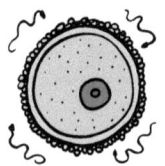

eggcelle

óvulo

sæd

semen

graviditet

embarazo

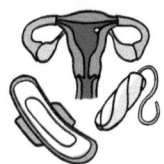

menstruasjon

menstruación

vagina

vagina

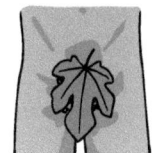

penis

pene

øyenbryn

ceja

hår

pelo

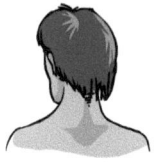

hals

cuello

kropp - cuerpo

sykehus
hospital

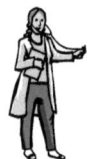

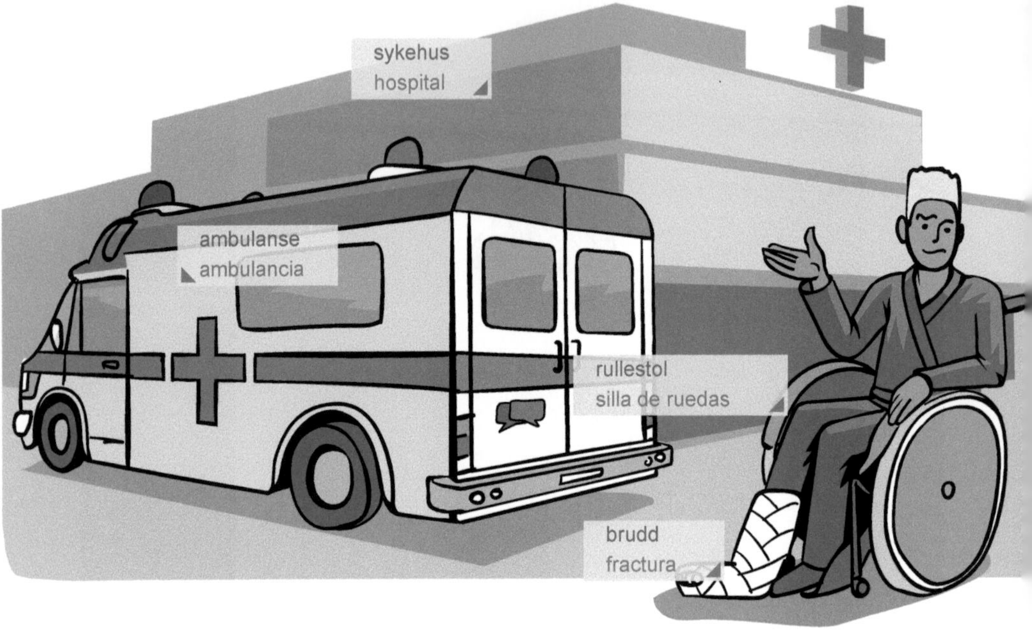

sykehus
hospital
ambulanse
ambulancia
rullestol
silla de ruedas
brudd
fractura

lege
médico

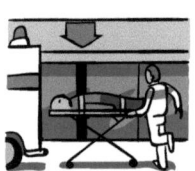

akuttmottak
sala de guardia

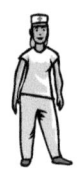

sykepleier
enfermera

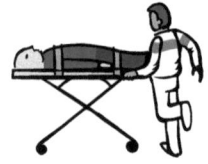

nødsituasjon
emergencia

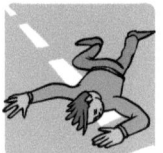

bevisstløs
inconsciente

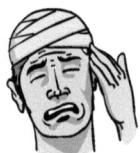

smerte
dolor

skade

lesión

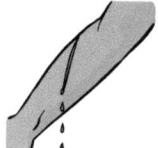

blødning

hemorragia

hjerteinfarkt

infarto

hjerneslag

ACV

allergi

alergia

hoste

tos

feber

fiebre

influensa

gripe

diaré

diarrea

hodepine

dolor de cabeza

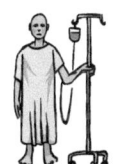

kreft

cáncer

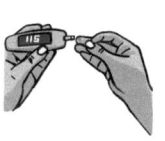

diabetes

diabetes

kirurg

cirujano

skalpell

bisturí

operasjon

operación

CT
TC

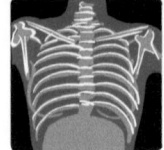

røntgen
rayos x

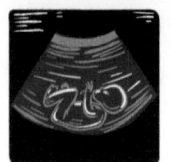

ultralyd
ecografía

ansiktsmaske
barbijo

sykdom
enfermedad

venterom
sala de espera

krykke
muleta

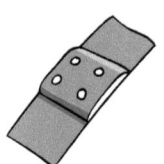

plaster
curita

bandasje
venda

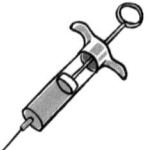

injeksjon
inyección

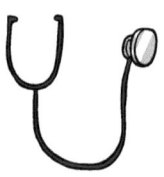

stetoskop
estetoscopio

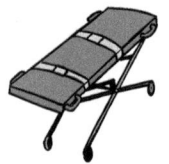

båre
camilla

klinisk termometer
termómetro

fødsel
nacimiento

overvekt
sobrepeso

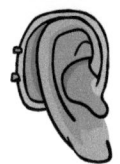

høreapparat
audífono

desinfeksjonsmiddel
desinfectante

infeksjon
infección

virus
virus

HIV/AIDS
VIH / SIDA

medisin
remedio

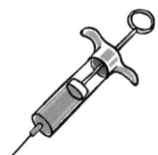

vaksinasjon
vacunación

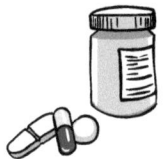

tabletter
comprimidos

pille
pastilla anticonceptiva

nødanrop
llamada de emergencia

blodtrykksmåler
tensiómetro

syk / frisk
enfermo / sano

Hjelp!

¡Ayuda!

alarm

alarma

overfall

agresión

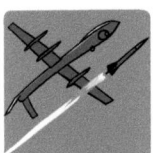

angrep

ataque

fare

peligro

nødutgang

salida de emergencia

Brann!

¡Fuego!

brannslukker

matafuego

ulykke

accidente

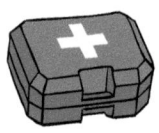

førstehjelpsskrin

botiquín de primeros
auxilios

SOS

SOS

politi

policía

Europa

Europa

Nord-Amerika

América del Norte

Sør-Amerika

América del Sur

Afrika

África

Asia

Asia

Australia

Australia

Atlanterhavet

Atlántico

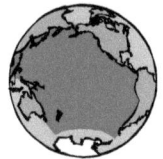

Stillehavet

Pacífico

Det indiske hav

Océano Índico

Sørishavet

Océano Antártico

Nordishavet

Océano Ártico

Nordpolen

polo norte

Sydpolen
polo sur

Antarktis
Antártida

jorden
Tierra

land
tierra

sjø
mar

øy
isla

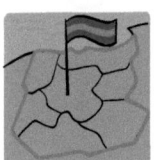

nasjon
nación

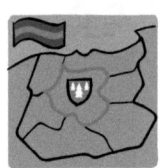

stat
estado

urskive

esfera

timeviser

manecilla de las horas

minuttviser

minutero

sekundviser

segundero

Hva er klokken?

¿Qué hora es?

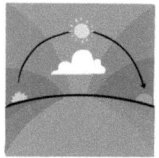

dag

día

tid

hora

nå

ahora

digitalklokke

reloj digital

minutt

minuto

time

hora

uke

semana

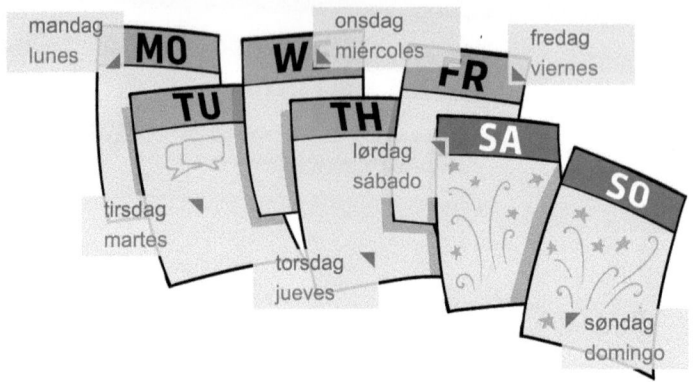

mandag
lunes

onsdag
miércoles

fredag
viernes

tirsdag
martes

torsdag
jueves

lørdag
sábado

søndag
domingo

i går

ayer

i dag

hoy

i morgen

mañana

morgen

mañana

middag

mediodía

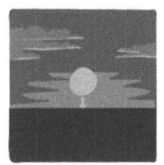

kveld

tarde

arbeidsdag

días hábiles

helg

fin de semana

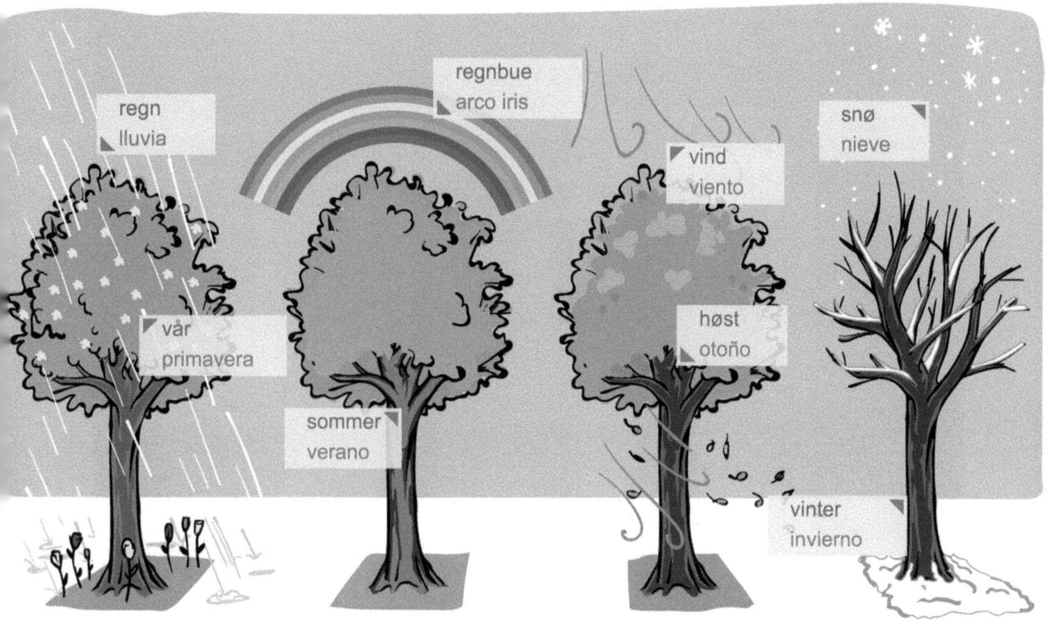

regn
lluvia
regnbue
arco iris
snø
nieve
vind
viento
vår
primavera
høst
otoño
sommer
verano
vinter
invierno

4.APRIL 11°
5.APRIL 4°
6.APRIL 13°
7.APRIL 8°
8.APRIL 10°

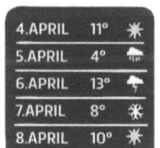

værmelding

pronóstico meteorológico

F C
120 90 60 30 0 -30
40 30 20 10 0 -10 -20

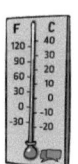

termometer

termómetro

solskinn

luz del sol

sky

nube

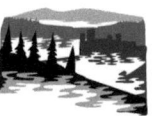

tåke

niebla

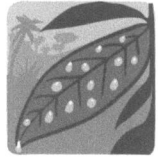

luftfuktighet

humedad

lyn

rayo

torden

trueno

storm

tormenta

hagl

granizo

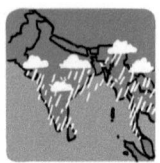

monsun

monzón

oversvømmelse

inundación

is

hielo

januar

enero

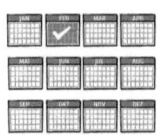

februar

febrero

mars

marzo

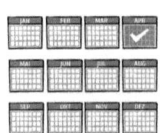

april

abril

mai

mayo

juni

junio

juli

julio

august

agosto

september
....
septiembre

oktober
....
octubre

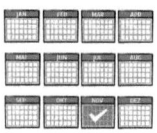

november
....
noviembre

desember
....
diciembre

sirkel
....
círculo

kvadrat
....
cuadrado

rektangel
....
rectángulo

triangel
....
triángulo

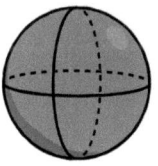

kule
....
esfera

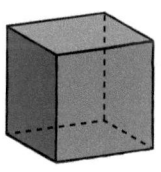

kube
....
cubo

farger

colores

hvit

blanco

gul

amarillo

oransj

naranja

rosa

rosa

rød

rojo

lilla

violeta

blå

azul

grønn

verde

brun

marrón

grå

gris

svart

negro

mye / lite

mucho / poco

sint / rolig

enojado / tranquilo

pen / stygg

lindo / feo

start / slutt

principio / fin

stor / liten

grande / chico

lys / mørk

claro / oscuro

bror / søster

hermano / hermana

ren / skitten

limpio / sucio

fullstendig / ufullstendig

completo / incompleto

dag / natt

día / noche

død / levende

muerto / vivo

bred / smal

ancho / angosto

spiselig / uspiselig

comestible / no comestible

ond / snill

malo / amable

begeistret / lei

entusiasmado / aburrido

tykk / tynn

gordo / flaco

først / sist

primero / último

venn / fiende

amigo / enemigo

full / tom

lleno / vacío

hard / myk

duro / blando

tung / lett

pesado / liviano

sulten / tørst

hambre / sed

syk / frisk

enfermo / sano

ulovlig / lovlig

ilegal / legal

intelligent / dum

inteligente / estúpido

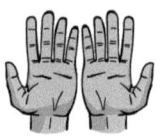

venstre / høyre

izquierda / derecha

nære / langt unna

cerca / lejos

ny / brukt

nuevo / usado

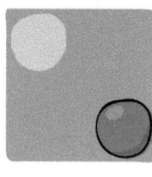

ingenting / noe

nada / algo

gammel / ung

viejo / joven

på / av

encendido / apagado

åpen / stengt

abierto / cerrado

lavt / høyt

silencioso / ruidoso

rik / fattig

rico / pobre

riktig / feil

correcto / incorrecto

ru / glatt

áspero / suave

trist / glad

triste / contento

kort / lang

corto / largo

langsom / rask

lento / rápido

vått / tørt

mojado / seco

varm / lunken

caliente / frío

krig / fred

guerra / paz

números

0

null
cero

1

en
uno

2

to
dos

3

tre
tres

4

fire
cuatro

5

fem
cinco

6

seks
seis

7

sju
siete

8

åtte
ocho

9

ni
nueve

10

ti
diez

11

elleve
once

12
tolv
doce

13
tretten
trece

14
fjorten
catorce

15
femten
quince

16
seksten
dieciséis

17
sytten
diecisiete

18
atten
dieciocho

19
nitten
diecinueve

20
tjue
veinte

100
hundre
cien

1.000
tusen
mil

1.000.000
million
millón

engelsk

inglés

amerikansk engelsk

inglés americano

mandarin

chino mandarín

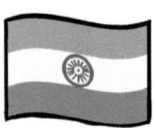

hindi

hindi

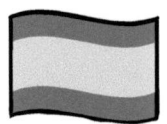

spansk

español

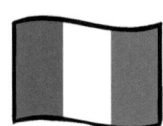

fransk

francés

arabisk

árabe

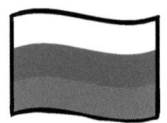

russisk

ruso

portugisisk

portugués

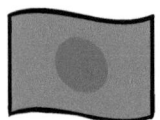

bengali

bengalí

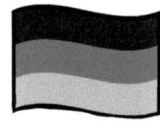

tysk

alemán

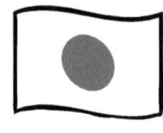

japansk

japonés

jeg

yo

du

vos

han / hun / det

él / ella

vi

nosotros

dere

ustedes

de

ellos

hvem?

¿quién?

hva?

¿qué?

hvordan?

¿cómo?

hvor?

¿dónde?

når?

¿cuándo?

navn

nombre

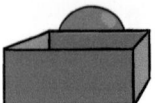

bakom

detrás

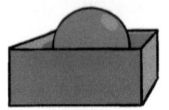

i

en

foran

adelante de

over

por encima de

på

sobre

under

debajo de

ved siden av

al lado de

mellom

entre

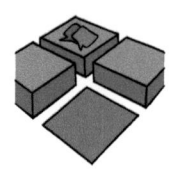

sted

lugar